V. RAYNAUD.

VIE

DE

CLAUDE GAY

MEMBRE DE L'INSTITUT (ACADÉMIE DES SCIENCES)

CITOYEN DU CHILI

CHEVALIER DE LA LÉGION-D'HONNEUR , COMMANDEUR DE L'ORDRE DE LA ROSE DU BRÉSIL, ETC.

DRAGUIGNAN,

IMPRIMERIE DE C. ET A. LATIL, ESPLANADE DE LA VILLE, 4.

1877.

VIE DE CLAUDE GAY.

Extrait du Bulletin de la *Société d'Études scientifiques et archéologiques de la ville de Draguignan.*

V. RAYNAUD.

VIE

DE

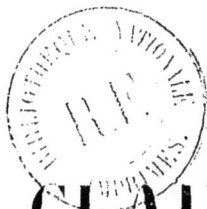

CLAUDE GAY

MEMBRE DE L'INSTITUT (ACADÉMIE DES SCIENCES)

CITOYEN DU CHILI

CHEVALIER DE LA LÉGION-D'HONNEUR , COMMANDEUR DE L'ORDRE DE LA ROSE DU BRÉSIL, ETC.

DRAGUIGNAN ,

IMPRIMERIE DE C. ET A. LATIL, ESPLANADE DE LA VILLE, 4.

1877.

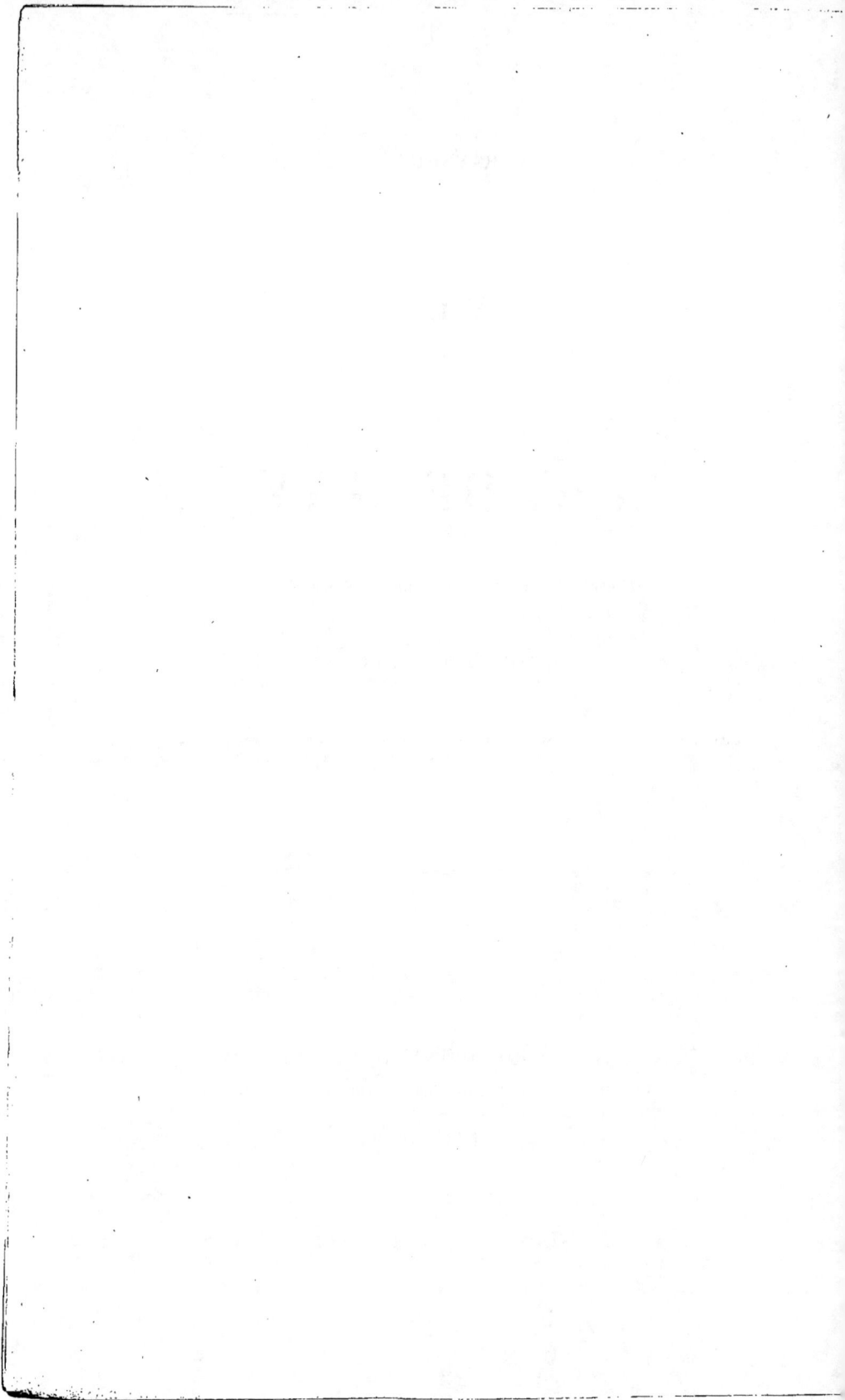

VIE

DE

CLAUDE GAY.

Claude Gay naquit à Draguignan, le 18 mars de l'an 1800.

Si l'on veut savoir ce que fut son éducation première, on n'a qu'à se reporter par la pensée au commencement de notre siècle, à cette époque tumultueuse de gloire et de combats où la patrie semblait n'être plus qu'un camp. Jules Janin mieux que personne a raconté ce qu'étaient alors les écoles et les colléges : « à cha- « que instant, dit-il, les études premières de notre enfance ont « été dérangées par une gloire nouvelle. Quand nous apprenions « à lire et à l'instant même où nous épelions les lettres de l'al- « phabet, nous entendions un bruit dans la rue et alors : *Vive* « *l'Empereur !* Nous sortions de l'école tout petits, tout joyeux, « tout animés, tout brillants, et nous regardions les soldats pas- « ser dans la rue !... Et pendant huit jours, nous, les enfants « de cinq ans, nous évitions l'école, nous jetions nos livres çà et « là et nous criions à perdre haleine : *Vive l'Empereur, vive* « *l'Empereur !* Comment aurions-nous pu pousser bien avant « dans les sciences au milieu de distractions pareilles ? Dans ce

« temps là, pas un jour ne se passait sans une victoire à célébrer,
« pas un jour ne se passait sans un *Te Deum* à chanter........
« Notre enfance s'est passée ainsi ; nous avons appris à lire au
« hasard ; c'est aussi par hasard que nous sommes entrés au
« collége. Dans ce temps là, un collége était moins un collége
« qu'une caserne..... On apprenait le latin comme on pouvait et
« comme on avait appris à lire, au hasard... Aussi, dans nos
« colléges, c'était un bruit, c'était un tumulte, c'étaient des cris
« de victoire et de rage, c'étaient des évolutions militaires dans
« les cours du collége... Dieu vous préserve, mes enfants, de
« ces incertitudes malheureuses de l'éducation !....(1) »

Il faudrait lire tout entières ces pages saisissantes du charmant conteur pour se faire une juste idée de l'éducation de cette époque et pour bien comprendre quel profit la majeure partie des jeunes gens, venus avec le siècle, avait pu recueillir des premières études, de ces études pourtant si importantes, car elles sont la semence des moissons intellectuelles à venir.

Il fallait naturellement avoir une bonne volonté bien ferme pour apprendre quelque chose, et cette volonté fit défaut à Claude Gay. C'est dire qu'il n'apprit rien ou à peu près au collége de Draguignan où sa famille l'avait placé. Ce n'était pas seulement la faute du temps, c'était aussi la faute du tempérament du jeune homme. Doué d'une santé exubérante, à laquelle se joignaient une humeur vagabonde et un esprit de curiosité qui ne l'ont jamais quitté, il fit de ses jeunes années ce qu'avait voulu la nature, c'est-à-dire une vie d'exercice, de mouvement, de jeux plutôt qu'une vie d'études.

(1) *Voyage de Victor Ogier en Orient.*

Ce qui est vraiment étonnant après cela, c'est que, dans des conditions pareilles, une métamorphose complète ait pu s'opérer en Claude Gay dès l'âge de dix-huit ans.

A cette époque, il fut placé, comme élève, dans une maison de pharmacie de Draguignan. Après avoir, pendant quelques mois, machinalement pilé de l'axonge, comme il se plaisait à le redire depuis, et préparé des potions selon la formule, il advint qu'un livre de botanique élémentaire, exhumé d'une vieille armoire de l'officine, lui tomba sous la main. Il en secoue la poussière, il l'ouvre, le feuillette, s'y intéresse, et voilà sa vocation déterminée.

A partir de ce moment, le jeune homme n'est plus le même. Sa curiosité est éveillée: il s'enquiert, il interroge, il se procure d'autres livres de botanique, il parvient à reconnaître le genre, l'espèce, la famille de quelques plantes de nos champs, et il ne se sent plus d'aise. Ses recherches dans les ouvrages se multiplient et, parallèlement à elles, ses explorations dans la campagne. A une si grande soif d'instruction, l'étude de la botanique ne suffit bientôt plus : sans sortir des sciences naturelles, Claude Gay, élargissant son cadre, se met à apprendre la zoologie, la minéralogie et la géologie. C'est, dès lors, à ce triple point de vue que se font ses excursions qui deviennent plus fréquentes et plus fructueuses. Chaque dimanche, à l'aube, il est sur pied; il part tantôt vers un point, tantôt vers l'autre, infatigable, oubliant les heures, et la nuit le surprend maintes fois, en route, chargé de son précieux butin. C'est ainsi qu'il avait battu tous les environs, étendant ses excursions jusqu'au bord de la mer, jusqu'au cœur même de l'Estérel, c'est-à-dire à dix ou quinze lieues de Draguignan. Et comme on le voyait toujours revenir , même de ses moindres promenades , une poignée de plantes à la main, les malins de l'endroit, ses camarades peut-être, l'avaient ironiquement surnommé : *le chercheur de persil (cercairé de juver)*. A-t-il su que ces railleries du vulgaire , il les a partagées avec un grand personnage de l'antiquité , général et amiral , avec Pline le naturaliste ? « Le monde raille les recherches auxquelles je me livre, a dit ce martyr de la science, et tourne en ridicule mes travaux ; mais dans ce labeur, tout immense qu'il est, ce m'est une grande consolation encore de partager ce dédain avec la nature ». Si Claude Gay a connu le fait, et c'est probable, il a eu, lui, l'avantage de se consoler et avec la nature et avec Pline.

Il n'avait pas dix-neuf ans qu'il avait exploré presque tout le département du Var et une partie de celui des Basses-Alpes. Quelles privations n'a-t-il pas eues à endurer à travers ces pays d'âpres montagnes où il ne trouvait de gîte souvent que dans les pauvres habitations perdues au milieu des solitaires pâturages ! Aussi n'était-ce pas sans vérité qu'il racontait plus tard en riant dans les salons comme quoi il avait pu voyager en France, logé, nourri et raccommodé, pour douze sous par jour.

Quoi qu'il en soit , ses collections devenaient importantes et il pouvait amplement satisfaire aux demandes d'échange d'un grand nombre d'amateurs et de savants naturalistes même, avec qui il était entré en relation. C'est vers ce temps que les jeunes de Jussieu et Achille Richard, de passage à Draguignan, voulurent voir Claude Gay et qu'entre ces trois adeptes de la science s'établit une solide amitié d'estime qui se perpétua à Paris et ne s'éteignit qu'avec les amis eux-mêmes.

Ici se place un épisode de la vie de Claude Gay que nous passerions sous silence, s'il n'avait si constamment et si agréablement occupé ses souvenirs et fait l'objet de ses épanchements de famille jusqu'à la fin de ses jours.

Il était parti pour Marseille où l'avaient attiré des naturalistes de valeur, parmi lesquels le capitaine du génie Solier, son collaborateur depuis. De Marseille, il se rendit à Lyon, nous ne savons avec lequel de ses amis. Celui-ci lui propose une excursion en Savoie, dans les terres d'un aimable et opulent chatelain, M. de Chatillon, dont l'hospitalité a été chantée par Lamartine. Il accepte avec empressement, à la condition que l'absence ne sera que de quelques jours, et on part. On herborise en route et on arrive, enfin, au château où l'accueil le plus empressé est fait aux voyageurs. Au milieu des amusements de la journée, Claude Gay apprend qu'une riche bibliothèque existe dans le château ; il court s'y enfermer. Cette bibliothèque donnait sur le lac de Chatillon, et le panorama qui se déroulait de ce point était superbe. Le jeune homme ne s'arrête pas à ce spectacle ; il s'enfouit dans les livres, si bien que les heures s'écoulèrent et qu'à un certain moment, vers le soir, jetant un regard de distraction sur le lac, il vit une barque qui le sillonnait et allait toucher la rive opposée. Cette barque emportait son ami qui l'abandonnait de la sorte, ignorant ou ayant feint d'ignorer le refuge où il se trouvait. Le jeune homme s'élance hors de la bibliothèque ; il arrive effaré au milieu des châtelains et des invités, mais il est reçu par de si bruyants éclats de rire et une joie si gracieusement manifestée, qu'il en prend son parti et se constitue prisonnier. Avait-on pressenti les ressources de son esprit enjoué et de son caractère aimable, entraînant, que la passion de l'étude n'avait pu rendre et n'a jamais, d'ailleurs, rendu sévère ? Quoi qu'il en soit, il était venu à Chatillon pour un jour, on l'y garda un mois, l'entourant de toutes sortes d'attentions et de prévenances ; il en est resté touché toute sa vie ; l'affection paternelle que lui témoigna M. de Chatillon a fait l'objet d'une reconnaissance de plus de cinquante ans, exprimée toujours avec un nouvel attendrissement. En parlant, comme il en parlait, de la famille de Chatillon, Claude Gay ne remarquait point qu'indirectement il faisait son propre éloge.

Après avoir pris congé de ses aimables hôtes, le jeune voyageur n'eut d'autre souci que de rentrer au plus vite dans sa famille dont il n'était jamais resté si longtemps éloigné. C'était en décembre ; il repassa par Lyon et il fit la plus grande partie de la route à pied. Lorsqu'il arriva à Toulon, il était à bout de forces ; il y coucha, mais pour se remettre en route de très bonne heure, car c'était la veille de Noël, et il ne voulait pas manquer au souper traditionnel de famille qu'on appelle *lou gros soupa.* C'est un usage immémorial dans le Midi qu'à ce repas accourent, comme à un rendez-vous obligé, tous les membres épars de la famille, même ceux qui sont en désaccord, parce que c'est le soir des joies pures et que, sous le regard de l'aïeul, s'opèrent les réconciliations. Pourra-t-il y être à temps, le pauvre jeune homme ? Déjà la nuit est venue, l'heure du repas est proche, et, pendant que dans les autres demeures l'allégresse est complète, dans celle de Claude Gay, si l'on n'est pas tout à fait triste, on n'est pas non plus joyeux. La mère avait préparé les friandises accoutumées ; elle était devant l'âtre, tenant en main la poële aux fritures, et, soucieuse, elle disait à ses filles : si au moins nous avions notre enfant ! Tout à coup , à la porte : *ma mère !* fit une voix, et le marteau retentit. La poële tombe sur les tisons , et on se précipite. Quelques secondes après, Claude Gay était dans les bras de tous les siens et, bien qu'exténué , il oubliait la fatigue au cercle de la famille. Il venait de faire , pour assister au souper de Noël , 80 kilomètres en un jour.

Depuis son retour de Savoie, le jeune homme n'avait plus qu'un rêve , aller à Paris , ce véritable foyer de la science. Muni de quelques lettres de recommandation , il s'achemina donc vers la capitale où la protection d'un compatriote , M. Paul de Château-double , député du Var et directeur de la Caisse d'amortissement, lui acquit le poste d'aide-pharmacien à l'hôpital de Saint-Denis et bientôt celui de pharmacien en chef.

L'emploi de son temps à Saint-Denis nous est resté noté heure par heure. Nous avons pu nous convaincre par ce journal écrit sans préméditation ni arrière-pensée que, même à vingt-trois ans, il n'y avait de place dans le cœur de Claude Gay que pour ses chères études ou les honnêtes plaisirs des soirées de famille. Nous avons senti alors combien avait raison le célèbre baron Cloquet lorsqu'il nous disait : « j'ai connu votre oncle pendant qua-rante ans, le perdant parfois de vue, mais je l'ai toujours retrouvé tel que dans les premiers jours de notre liaison, c'est-à-dire pro-fondément honnête et de mœurs pures. Je n'ai jamais entendu sortir de sa bouche une parole malséante , quelle que fût la com-position de la société où il se trouvait. »

Nous voulons citer une anecdote de la vie de Claude Gay pen-dant son séjour à Saint-Denis, afin de montrer combien sa curio-sité était vive et son esprit fertile en expédients.

C'était le jour des funérailles de Louis XVIII. Il y avait à Saint-
Denis une immense affluence de troupes et tout le grand monde de
Paris. L'église ne pouvant contenir qu'un certain nombre de personnes, on n'entrait qu'avec des billets de faveur, et ces billets
étaient très recherchés. Claude Gay brûlait du désir de voir la
solennité, mais quelle prétention, quand on n'y parvenait pas,
même en étant un personnage ! La cérémonie allait commencer.
Le jeune pharmacien se sépare alors des personnes avec lesquel-
les il avait assisté jusque là, du haut d'un balcon, au défilé des
troupes. Nu tête, une fiole à la main, il se précipite: « la duchesse
d'Angoulème se trouve mal », dit-il, en courant; la haie des soldats s'entr'ouvre pour lui ouvrir passage; arrivé à la porte de
l'église : « la duchesse se trouve mal » répète-t-il effaré, et il
entre sans résistance. Vers le haut de l'escalier, montait un général en grand uniforme ; il le suit lentement, quoique se donnant
des airs essoufflés. Aux gardes du corps qui sont à la porte de la
tribune par où a passé le général; « où est mon général ? » dit-il
avec animation; on s'empresse de le lui indiquer, et alors lui,
gravement, vient prendre place à côté du dignitaire et, pour continuer à donner le change et prouver qu'en réalité c'est lui qu'il
cherche, il se hâte de lui adresser quelques questions banales et
reste là, comme un noble pair, assistant à toute cette magnifi-
cence des funérailles d'un de nos rois. — Son stratagème avait
réussi.

De Saint-Denis, Claude Gay allait assez régulièrement suivre
les cours publics soit au Muséum soit à la Sorbonne. Souvent il
faisait le trajet à pied. Son assiduité, son application, ses con-
naissances acquises l'avaient fait remarquer des plus illustres

professeurs de l'époque, les Pouillet, les Arago, les de Blainville, les Milne-Edwards, etc. Aussi lorsque le Chili demanda à la France des maîtres capables pour fonder une sorte de collége national à Santiago, Claude Gay fût-il désigné d'une voix unanime comme professeur de botanique et d'histoire naturelle. On lui en fait la proposition, il accepte avec enthousiasme. N'allait-il pas traverser les mers et voir d'autres continents où tant de richesses scientifiques gisaient encore inconnues et inexplorées ?

D'ailleurs laissons le lui-même nous exprimer son bonheur. Voici ce que nous lisons à la première page de son itinéraire ;

« Voué depuis ma plus tendre jeunesse à l'étude des sciences
« naturelles et désirant mettre à profit la connaissance que j'en
« avais acquise, je choisis la république du Chili comme devant
« me fournir des matériaux extrêmement neufs pour la publica-
« tion d'une flore et d'une faune de cette contrée. Ce fut en effet
« sous ce point de vue que je quittai vers la fin de 1828 la France,
« ma patrie, et embarqué sur la corvette de guerre l'*Adour*, nous
« nous dirigeâmes d'abord vers le Brésil où nous séjournâmes
« un mois et demi à peu près. Quoique ce séjour n'ait pas été
« très long, cependant j'ai eu le temps de visiter la plus grande
« partie des environs de Rio Janeiro. Je ramassai une assez
« grand nombre de plantes que mon savant ami de Jussieu a pu-
« bliées dans sa flore du Brésil. Je me procurai aussi un assez
« bon nombre de papillons, insectes, etc., et mes collections
« devenaient de plus en plus intéressantes lorsqu'elles furent in-
« terrompues par notre départ pour Montevideo et Buenos-Ayres
« où nous restâmes à peu près un mois. Pendant cet intervalle,
« j'eus le temps de ramasser une foule de plantes qui, en géné-

« ral, étaient nouvelles pour moi et plusieurs même pour la
« science. Je rencontrai aussi plusieurs insectes, quoique en
« petit nombre; mais bien que ces trouvailles me fussent extrê-
« mement agréables, néanmoins je désirais ardemment arriver
« dans mon pays de prédilection. Aussi notre départ de Monte-
« video ne me fut-il pas si pénible que celui de Rio Janeiro, mal-
« gré mes souffrances ordinaires du mal de mer. Une allégresse
« intérieure me transportait vers cette nouvelle contrée; tous les
« jours nous en approchions et cependant, comme c'est l'usage
« en pareil cas, je devenais tous les jours plus impatient. Je me
« voyais déjà parcourant ces vastes plaines, escaladant les or-
« gueilleuses Cordillères et ramassant ces intéressants objets qui
« font les délices des botanistes. Ces douces illusions me fai-
« saient un peu oublier les ennuis d'une mer triste comme celle
« du cap Horn et sans cesse épouventablement furieuse. Nous
« mîmes plus d'un mois à doubler ce malheureux cap, mais enfin
« à force de patience, je dirai même de courage, nous parvînmes
« au lieu de notre destination. Ce fut le........, jour à jamais
« mémorable pour moi. »

Maintenant que le voilà au Chili, nous ne pouvons mieux faire
que de nous en rapporter, pour tous les actes de Claude Gay sur
cette terre lointaine, à ce que nous en dit son remarquable biographe chilien, M. Vicùna Mackena, gouverneur de Santiago et
aussi éminent comme publiciste que comme administrateur.

Le collége de Santiago était à peine fondé qu'il fut obligé de
fermer ses portes. Les professeurs se dispersèrent et durent
chercher péniblement leurs moyens d'existence. Quant à Claude
Gay, il fut le mieux partagé. « *En cuanto a M. Gay, tuve mejor*

fortuna, dit son biographe, *acaso porque era el mas aventajado, y el mas amable de los professores.* « Quant à M. Gay, un meilleur sort lui échut, parce qu'il était le mieux doué et le plus aimable de ces professeurs. »

Le ministre ou plutôt le dictateur, comme dit M. Vicùna Mackena, le fait appeler dans son cabinet et lui propose un plan qui ne pouvait que tenter l'ambition du jeune naturaliste. C'était de faire dans le pays un voyage scientifique pour l'étudier sous toutes les faces, afin de le faire connaître d'abord à ses propres habitants et ensuite aux étrangers.

Cette proposition eut lieu en septembre 1830, et le 14 de ce même mois, fut signé entre le jeune savant et le ministre un traité que le biographe chilien qualifie de « *menesteroso e casi triste* », d'après lequel « *un homme d'étude et de contemplation, riche d'enthousiasme et de cela seulement, se soumettait à travailler durant sept années consécutives avec la solde que gagne en voyage un apprenti ingénieur.* » Mais qu'importe à Claude Gay, n'a-t-il pas la célébrité en perspective ?

Il donne ses livres en gage, il donne ses collections, c'est-à-dire ses richesses. « Comme signe de l'époque et des hommes, ajoute M. Mackena, nous insérons intégralement ce douloureux pacte de la science mendiant et du trésor public converti en pauvre de solennité : *doloroso pacto de la ciencia mendicante y del erario convertido en pobre de solemnidad.* »

Pour remplir convenablement la tâche qu'il avait acceptée, il fallait à Claude Gay des instruments de précision qui lui manquaient et qu'il ne pouvait trouver qu'en France. On l'y envoie sans retard avec l'autorisation d'apporter tout ce qui lui sera né-

cessaire. Le jeune voyageur arriva à Paris avec un butin déjà
précieux et qui fit concevoir aux savants du Muséum les plus
belles espérances sur les résultats de ses voyages ultérieurs.
Chacun d'eux l'entoura de ses conseils et de ses recommandations, et quand il repartit, le futur académicien avait dans la mémoire le questionnaire scientifique le plus complet.

« *Junto con sus instrumentos de fisica, su barometro y su roso
de los vientos* (ajoute son biographe), *trajo M. Gay de Francia una
companera que non debia embelesar sus horas con el encanto de
aquellos. El joven naturalista se habia casado en Paris con una
de esas hijas del sena, de espiritu fantastico y poquo avenible a
los habitos de puertas adentro que forman la vida y la delicia de
los sabios. Les esposos hubieron por tanto de separarse.....* »

Nous ne voulons pas insister sur ce pénible sujet et nous n'a-
jouterons rien à ces quelques lignes rappelant le seul épisode de
la vie de Claude Gay par lequel il ait pu connaître l'amertume et
le tourment de notre séjour ici bas.

De retour au Chili il s'empressa de se mettre à l'œuvre.

« Durant sept années, il voyagea avec une infatigable ardeur par
toutes les vallées et les montagnes du Chili, depuis les déserts
d'Atacama jusqu'à la cime du volcan d'Antuco; depuis les Cordillères d'Elqui jusqu'aux lagunes de Valdivie et aux forêts primitives de Chiloé. Le butin recueilli dans ces excursions fut immense, principalement au point de vue de la botanique qui était la
science favorite de l'explorateur et à laquelle il s'était le mieux
préparé comme élève du Jardin des plantes. A cette époque on
n'avait pas encore classé le tiers des plantes du Chili. (1) »

(1) Durante siete anos viajo con incausable afan por todos los valles y todas las quebradas

Voilà le témoignage d'un chilien , c'est-à-dire d'un homme qui
était sur les lieux et qui, mieux que personne, peut nous affirmer
avec quelle consciencieuse persévérance Claude Gay sut remplir
ses engagements. Mais ce que M. Vicùna Mackena ne peut pas
nous dire et que nous trouvons relaté dans le journal itinéraire
du voyageur, ce sont les difficultés et les périls de ces voyages.

A Carelmapu , par exemple , le vendredi 26 mars 1836, il écri-
vait :

« Pendant que mes domestiques préparaient le déjeuner, je me
suis mis à courir le long de la mer et surtout sur les précipices
où, le marteau à la main, je me suis assuré que tout ce monticule
de plus d'une lieue de circuit n'était formé que de couches de
sable agglutiné.... Nous sommes montés sur le *serro* du bord de
la mer d'où la vue est magnifique. Après avoir joui un instant du
paysage, nous avons continué notre route à travers des broussailles et nous étions obligés, de temps en temps, de marcher les
mains appuyées contre terre. »... Ailleurs, il nous dit : « En
voyage, on va ordinairement demander la permission de dormir
dans un de ces *ranchos* de pauvres que l'on rencontre sur la
route; ce qui est constamment accordé. Si l'on va dans une maison de gens aisés , on vous donne en plus le dîner, car l'hospitalité est en honneur dans le Chili; pour moi, n'aimant à déranger

de Chile , desde los paramos de Atacama hasta la cima del volcan de Antuco ; desde las
Cordilleras de Elqui a las lagunas de Valdivia y las selvas primitivas de Chiloé. El acopio
de esas escursiones fué inimenso , especialmente en la seccion de la botanica , que era el
estudio favorito del esplorador , y para el cual se hallaba mejor preparado como alumno del
Jardin de plantas. No existia clasificada en esta época la tercera parte de las plantas de
Chile.......

personne et surtout fuyant ces *ranchos*, toujours extrêmement
sales, je préfère aller coucher sous les arbres et, autant que pos-
sible, au bord d'un ruisseau. C'est là que je passe mes nuits, toujours content, ne songeant guère aux périls que je cours en cou-
chant ainsi à la belle étoile. »

Où il courut, par exemple, de sérieux dangers, ce fut dans le
voyage qu'il entreprit en Araucanie. Il n'était pas facile d'aborder
ces peuplades sauvages et soupçonneuses. Le gouvernement
chilien, voulant favoriser les désirs de Claude Gay, avait fait ache-
ter pour une somme considérable des mouchoirs, de l'indigo, etc.
objets recherchés par les Indiens. Il le fit accompagner par l'indien Lincobu, capitaine dans les troupes chiliennes et frère du
cacique de Maquegua. Il partit donc; mais à peine arrivés à
Aranco, on suspecta les voyageurs. Lincobu s'étant soûlé disait
que les travaux de Claude Gay intéressaient tout le monde, et il
parlait, parlait toujours, malgré les instances de l'interprète et
du commandant qui faisait partie de la caravane. « Alors les
caciques qu'on avait mandés, pleins de défiance, affirmèrent, dit
Claude Gay, que notre voyage serait dangereux. L'un d'eux, con-
sidérant notre entreprise comme funeste à ses compatriotes, ne
me parla point d'abord; mais dès qu'il se fut grisé, il commença
à m'insulter, ajoutant que j'étais français et que j'allais lever le
plan de son pays; il poussa même son cheval jusque sur mes
pieds, quoique le commandant fût à côté de moi. Cela lui valut
quelques heures de prison, mais à peine sorti, il revint à la maison du gouverneur où il commença à m'insulter de nouveau.
Cela dura jusqu'à dix heures, c'est-à-dire jusqu'au moment où
j'allai me coucher, réfléchissant au voyage que j'allais entreprendre et qui s'annonçait comme très périlleux. »

Et, en effet, il le fut plus d'une fois. Il nous souvient, à ce sujet, d'une aventure que le voyageur nous a contée souvent et où il faillit perdre la vie. Il assistait à une cérémonie importante chez ces sauvages, à l'enterrement d'un cacique mort depuis plus d'un mois. Toutes les peuplades avaient envoyé des délégués. Des libations copieuses ne manquèrent point d'être faites à cette occasion, selon l'usage des indiens qui aiment les spiritueux par dessus toutes choses. Or, autour du cercueil près duquel étaient assis les caciques, les parents du défunt et Claude Gay, des cavaliers exécutaient une fantasia échevelée. Pour se rendre agréable, le voyageur ordonne à ses domestiques de leur apporter quelques flacons d'eau-de-vie qui restaient dans ses malles. L'ébriété arriva alors à son comble. On a bu, on veut encore boire et on somme Claude Gay de donner tout ce qu'il a. Comme il ne pouvait absolument les satisfaire, ces forcenés s'emparent des malles, les ouvrent et horreur ! ils trouvent dans des bocaux d'eau-de-vie des crapauds, des serpents, etc., tous objets de maléfices pour eux. A la stupeur succède aussitôt la colère. Claude Gay va payer cher sa bienveillance. Pendant que l'interprète adjure les indiens d'écouter les explications qu'il a charge de donner, une idée traverse l'esprit du voyageur; il prend des boules qu'il avait dans ses malles et se met à jongler pour amuser cette foule soulevée. Comme il jonglait à merveille, ces gens sont saisis d'étonnement; ils mettent pied à terre, s'asseyent sur le sol, les coudes sur les genoux, et chaque tour d'adresse est salué par de longues acclamations et de grands éclats de rire. Entre temps, les domestiques, sans rien dire, sellaient les chevaux et se préparaient au départ. Claude Gay, comme si les boules , en jonglant, l'obligeaient à reculer, s'approchait de plus en plus des montures. Quand il est à portée, à un signal donné , il saute sur l'une d'elles, ses domestiques en font autant et avant que les indiens ébahis aient songé à les poursuivre, ils prennent les devants, s'enfoncent dans les bois et, lâchant leurs coursiers, ils se tapissent sous des broussailles où ils passent la nuit.

Et pourtant c'étaient toujours les *bons* indiens pour Claude Gay!

« J'ai passé la nuit chez ces bons indiens, dit-il, je suis entré dans leurs cahutes et là, auprès du feu, je m'amusais avec les demoiselles et les petits gamins de la maison. De temps en temps je sortais mon petit flacon à sucre et je leur en donnais, disant que c'était de la farine de mon pays, et ils la trouvaient fort bonne. Dans le nombre il n'y eut guère qu'un individu qui connut ce que c'était. Je donnai aussi à ces jeunes filles des croix , des chaînes, ce dont elles me témoignèrent beaucoup de reconnaissance. »

Ceux qui ont connu Claude Gay le retrouveront dans ces quelques lignes, peint par lui-même et pris sur le vif.

Lorsque notre voyageur eut visité le Chili dans ses moindres recoins , il voulut faire une petite excursion dans le Pérou et connaître les magnificences du royaume des anciens fils du Soleil. Mais les beautés de Lima et celles plus merveilleuses encore de Cusco ne pouvaient longtemps séduire cet amant passionné de la nature , cet esprit enthousiaste bien moins des grandeurs de la civilisation que des plus minces curiosités ethnologiques des peuplades sauvages. C'est pourquoi il s'enfonça dans l'intérieur du pays , chez les véritables indiens où l'appelaient l'attrait de l'inconnu , l'enchantement des découvertes. Il fallait un grand courage pour aborder ces tribus sanguinaires où les hommes tuent pour le plaisir de tuer et fuient, poussant des cris de joie en se frappant les fesses, quand leur ennemi a été percé par une flèche imprévue. Claude Gay eut ce courage et vécut même quelque temps au milieu d'elles dans les forêts. Son caractère enjoué, son habileté à exécuter quelques petits tours d'escamotage le servirent admirablement. Cependant il faillit se repentir de son voyage téméraire et une fois, en sa vie, il eut peur. Voici dans quelle circonstance. Il avait séjourné vingt-quatre heures dans une ferme, sorte de plantation perdue dans l'épaisseur des bois et où les colons étaient gardés militairement, tant les agressions des sauvages étaient fréquentes et dangereuses. La veille, un soldat, se baignant dans un cours d'eau près de l'habitation, avait été frappé d'une flèche empoisonnée, et il était là, rendant le dernier soupir dans les plus horribles convulsions. La frayeur était donc générale. Malgré cela, Claude Gay se mit en route avec ses domestiques, mais à une certaine distance il s'aperçut qu'une partie de ses bagages était oubliée. Il renvoya ses gens sur leur pas et, malgré leurs abjurations, il resta seul, au milieu de ces forêts vierges, à les attendre. Si un indien eut rôdé alentour, notre voyageur aurait été perdu sans ressources. Quand il se sentit seul, l'effroi le saisit et il s'embusqua, tremblant, sous les broussailles à quelques pas du chemin. Bien lui en prit. Un indien, en effet, passa l'arc en main, flairant autour de lui et, par le plus grand des hasards, ne découvrit pas Claude Gay. Celui-ci avait retenu son haleine et il ne commença à respirer que lorsqu'il vit le sauvage s'éloigner et qu'il entendit ses hommes revenir.

Le métier de curieux a aussi ses inconvénients, disait-il à ce propos.

Nous n'en finirions plus si nous voulions raconter tous les épisodes intéressants que nous trouvons dans le journal de l'intrépide explorateur; rentrons donc dans le cœur de notre sujet.

« Lorsqu'il eut recueilli tous ses trésors, classifié toutes ses collections, mis en ordre ses cartes et ses croquis et racheté honorablement les richesses qu'il avait mises en gage, comme nous l'avons dit, Claude Gay enferma son riche butin dans une centaine de caisses et, après sept ou huit ans d'un constant labeur, il se transporta de nouveau en France pour livrer à l'impression, conformément aux stipulations de son contrat, les travaux sur l'histoire naturelle dont il s'était chargé (1). »

En conséquence, dans les quelques années qui suivirent, il publia les volumes de botanique et de zoologie, accompagnés de deux charmants albums de gravures. La publication de l'ouvrage complet demanda plus de temps. Notre peu de compétence ne nous permettant pas de donner une analyse de cet ouvrage, nous ne pourrons mieux faire que de rapporter ici quelques extraits du compte rendu dont il a été l'objet, dans la *Revue de Paris*, de la part de l'éminent vulgarisateur scientifique, M. Louis Figuier.

« Par les soins extrêmes qui ont présidé à toutes les observations, par le nombre immense de matériaux recueillis, par les découvertes remarquables qu'il renferme, l'ouvrage dont M. Gay vient de terminer la publication, *Historia física y política del Chile*, comptera au premier rang de ces belles monographies que la science a consacrées, de nos jours, à l'étude physique, géographique et naturelle des contrées du nouveau monde. M. Claude

(1) Vicùna Mackena.

Gay était en mesure d'exécuter dans les meilleures conditions cette tâche importante. Il a prolongé dix ans son séjour dans le Chili. Avec l'aide et l'appui du gouvernement central et des autorités locales, il a pu consulter tous les documents conservés dans les archives de la nouvelle république. Muni d'instruments sortis de nos meilleurs ateliers, entouré d'aides intelligents, il a établi dans le chef-lieu de chaque province des observatoires météorologiques et, pendant une longue période, il a pu recueillir tous les renseignements nécessaires sur le climat et les variations atmosphériques du pays. Par des excursions fréquentes dans les différentes régions qu'il se proposait d'étudier, M. Claude Gay a acquis une connaissance approfondie de toutes les richesses du Chili sous le rapport botanique et zoologique, et c'est ainsi qu'il a été l'objet d'un rapport étendu à l'Académie des sciences. M. Boussingault a exposé, dans ce rapport, le résultat des études de M. Gay pour la partie géographique et géologique du voyage; M. Brongniart en a fait connaître la partie botanique et M. Milne-Edwards la partie zoologique.

« Consignons d'abord quelques résultats des études géographiques de M. Gay.

« Il a mesuré la hauteur des principaux volcans du Chili. Rangés suivant une ligne, dirigée du Sud au Nord, ils ont une altitude considérable. *L'Antuco* sur le sommet duquel M. Gay a porté ses instruments a 2790 mètres d'élévation; *L'Aconcagua*, d'après une mesure trigonométrique, atteindrait 7172 mètres; ce serait le pic le plus élevé de l'Amérique méridionale.

« C'est à cette ligne de volcans que l'on a toujours attribué la fréquence des tremblements de terre au Chili. Cependant on a souvent constaté au Pérou, à l'Equateur et dans la nouvelle Grenade, qu'il n'y a pas toujours connexité entre les éruptions volcaniques et les mouvements du sol. C'est ainsi que dans le tremblement de terre de 1835, qui détruisit de fond en comble plusieurs villages, on n'observa sur les divers volcans des Cordillères aucun signe d'agitation ; aucun d'eux ne fit éruption , c'est à peine s'ils émettaient de la fumée. M. Gay se trouvait alors au pied du *Yanquihue*. Le mouvement de trépidation du sol était si violent que les arbres furent déracinés ; néanmoins les vapeurs qu'exhalait le sommet de la montagne n'augmentèrent pas d'intensité. Il en fut de même de l'*Antuco*, situé dans la province de la Conception, où le phénomène se manifesta avec plus de violence encore , car des édifices furent renversés , des sources disparurent complètement et, sur une grande étendue, le littoral éprouva subitement un mouvement ascensionnel très perceptible.

« Ce mouvement du terrain est d'ailleurs constant au Chili , mais ordinairement il a lieu avec lenteur. M. Gay a pu vérifier lui-même l'exactitude de ce fait. A l'époque de son arrivée à Valparaiso, en 1828, la mer baignait le pied des constructions de la rue principale : maintenant la mer s'est éloignée ou plutôt le sol a été suffisamment exhaussé pour qu'il existe dans la partie occupée autrefois par les eaux une plage assez large pour recevoir deux rangées de maisons.

« La géographie physique d'une contrée serait aujourd'hui considérée, avec raison , comme incomplète si elle ne comprenait pas une description géologique . Aussi M. Gay a-t-il tracé une carte du Chili indiquant la nature des roches depuis le désert d'Atacama jusqu'à l'archipel de Chiloë.......................

.... Pendant son long séjour dans les diverses contrées du Chili, M. Claude Gay a étudié avec le plus grand soin les phénomènes qui se rattachent au magnétisme terrestre, à l'état hygrométrique de l'air, aux oscillations de la colonne barométrique, à la température de l'atmosphère et à celle des sources. M. Gay se propose de discuter plus tard ces précieuses observations.

« M. Gay a également recueilli les données les plus intéressantes sur la géographie botanique du Chili. Cette partie de la science est traitée avec une sorte de prédilection et avec une grande supériorité dans les manuscrits où le savant voyageur a réuni tous les éléments d'un tableau de la distribution des plantes dans une zône tempérée de l'hémisphère austral.

« L'auteur a parfaitement établi en quoi la végétation de cette zône diffère de celle des régions équinoxiales décrites par M. de Humboldt. Dans les belles forêts primitives du Chili on ne rencontre pas cette multitude de lianes qui rendent presque impénétrables les forêts équatoriales; on n'y trouve pas non plus ces magnifiques orchidées qui pendent en festons de mille couleurs aux rameaux et aux tiges des arbres gigantesques de ces forêts. Mais les lianes sont représentées par des *Lardizabales* et des *Cissus* et les orchidées sont remplacées par des *Loranthus* et des *Sarmientes*. La végétation arborescente dépend d'ailleurs de l'humidité du climat. Les arbres s'arrêtent vers le 38ᵐᵉ degré de latitude. Si l'on s'avance plus au nord on trouve un sol sec et sablonneux qui ne peut nourrir que de rares arbustes rabougris. Enfin ces arbustes font place eux-mêmes à de superbes cactus qui suspendent leurs bras aigus sur la pente des roches.....

« Pendant son séjour au Chili, de 1829 à 1842, par des voyages

répétés dans les diverses provinces de cette république, M.
Claude Gay a réuni des collections botaniques plus riches qu'au-
cune de celles faites par les voyageurs précédents; car non seulement il a séjourné longtemps dans les parties voisines des
grandes villes et des ports de mer souvent visités par ses prédécesseurs, mais il a fait, à plusieurs reprises, de longs voyages
dans les diverses parties des Cordillères et dans les provinces
australes et septentrionales plus rarement explorées. C'est ainsi
que M. Gay a pu fixer les limites des différentes zones de la végétation, suivant les hauteurs et les latitudes si diverses que présente un pays qui comprend 30 degrés de latitude et des différen-
ces d'altitude de 0 à 3000 mètres.

« Ce vaste travail, qui renferme la détermination et la description de 3767 espèces et forme huit volumes in-8° accompagnés
d'un atlas de cent planches in-4°, M. Gay l'a conduit à son terme
avec une persévérance, une suite et une unité de plan remarquables dans l'espace de huit années.

« Après avoir réuni les matériaux de ce grand ouvrage, en
avoir tracé le plan de manière à le rendre en même temps utile
aux botanistes européens et aux habitants du pays dont il fait
connaître les productions, après s'être consacré lui-même à ré-
diger une partie de l'ouvrage, M. Gay a cependant senti qu'à lui
seul et au milieu des autres occupations que lui imposait l'exécution des diverses parties du vaste travail qu'il avait entrepris, il
ne pouvait terminer la rédaction de la flore du Chili qu'après un
laps de temps qui lui ôterait beaucoup de son intérêt. Pour assu-
rer une bonne et rapide exécution de cet ouvrage, il s'est donc
associé, pour diverses familles et surtout pour celles qui exi-

geaient une étude très longue et très minutieuse, des botanistes
de talent qui ont pu faire de ces familles une étude approfondie.

« M. Barneoud a rédigé les familles des Crucifères, des Géra-
niacées, des Oxalides et les groupes voisins, ainsi que les Myrta-
cées et les Portulacées. M. Clos s'est chargé des Légumineuses,
des Ombellifères et de plusieurs familles monopétales importantes ; M. Rémy a étudié avec un soin remarquable la vaste famille
des Composées, les Solanées, les Saxifragées et plusieurs familles
apétales. Achille Richard avait aussi contribué à cet ouvrage par
la description des Orchidées. Enfin le dernier volume de la pha-
nérogamie comprend les Graminées et les Cypéracées, étudiées
et décrites par un jeune botaniste, M. Desvaux, dont ce fut là en
même temps le premier et dernier travail et qui montra, dans
cette étude approfondie de deux familles si difficiles, un talent
qui fait vivement regretter sa mort prématurée. M. Montagne, de
l'Institut, a exécuté la partie la plus importante de ce grand travail en consacrant deux volumes à l'étude approfondie des Cryp-
togames.

« Cette collaboration était indispensable pour terminer dans
l'espace de quelques années les huit volumes consacrés à la flore
du Chili.........

« La partie zoologique de l'ouvrage de M. Gay est très étendue : elle forme huit volumes in-8°, avec un atlas d'environ cent
trente planches in-4° ; elle contient une description détaillée des
animaux de toutes les classes recueillis par ce voyageur pendant
son long séjour dans le Chili et elle fait connaître la faune de
cette contrée lointaine beaucoup mieux que nous ne connaissons
celle de plusieurs parties de l'Europe.

« L'étude approfondie des richesses zoologiques réunies par M. Gay ne pouvait être bien faite que par des hommes spéciaux et elle a été confiée à des mains habiles : M. Gay et M. Gervais, professeur de zoologie à la faculté des sciences de Montpellier, ont rédigé le volume contenant l'histoire naturelle des Mammifères et des Oiseaux du Chili. Les Reptiles et les Poissons ont été décrits par M. Guichenaud, élève de M. Dumeril ; enfin la partie entomologique de l'ouvrage est due principalement à MM. Blanchard, Spinola, Nicolet et Solier.

« Le nombre des espèces nouvelles dont M. Gay vient d'enrichir nos catalogues zoologiques est très considérable. Les Mammifères du Chili, déjà étudiés par Molina et par quelques autres naturalistes, ne lui ont fourni, il est vrai, que trois espèces nouvelles ; mais dans d'autres classes les espèces inédites abondent et dans toutes les branches de la zoologie les recherches de M. Gay ont été fort utiles, car elles nous font connaître beaucoup de détails relatifs aux mœurs des animaux et elles jettent des lumières précieuses sur l'histoire de plusieurs espèces importantes, très imparfaitement observées par ses prédécesseurs. Tels sont, par exemple, deux grands mammifères de la Cordillère des Andes, le Guamul et le Pudu, qui avaient été attribués par Molina, l'un au genre Cheval et l'autre au genre Chèvre, mais qui en réalité appartiennent tous les deux au genre Cerf.........

« Les reptiles que M. Gay a trouvés au Chili sont au nombre de vingt-huit espèces dont plus de moitié étaient nouvelles pour la science, lorsque MM. Dumeril et Bibion en publièrent la description dans leur grand ouvrage sur l'Herpétologie. Ajoutons que, dans la région explorée par M. Gay, il ne parait exister aucun serpent venimeux et que ce voyageur a découvert une nouvelle espèce de reptiles fossiles du genre Plésiosaure.

« La faune de la province de Valdivia présente une autre particularité curieuse ; les sangsues y abondent, mais au lieu d'habiter au sein des eaux, comme le font nos hirudinées ordinaires, elles vivent à terre dans les bois humides. On rencontre souvent ces sangsues terrestres à des distances considérables de toute pièce d'eau, et parfois elles incommodent beaucoup les voyageurs qui vont à pied. Les planaires de Valdivia vivent également hors de l'eau et M. Gay a rapporté une espèce de très grande taille dont l'anatomie a été faite par M. Blanchard.

« Mais la partie la plus importante de la faune du Chili est celle relative à l'histoire naturelle des Insectes et des Arachnides. On y trouve la description de mille huit cent trente-trois espèces, dont à peine deux cents étaient inscrites dans les catalogues entomologiques avant la publication de ce grand ouvrage. La plupart des espèces que M. Gay a recueillies ont été déposées par ce voyageur dans les galeries du Muséum et par conséquent la détermination a pu en être faite avec beaucoup de soin. Les descriptions sont accompagnées de figures représentant non seulement un exemple de chaque genre, mais aussi les détails des parties caractéristiques de ces divisions zoologiques, et l'ensemble de ce travail est une acquisition précieuse pour l'entomologie en général, aussi bien que pour l'histoire naturelle du Chili en particulier.

« L'aperçu que nous venons de présenter des résultats contenus dans le travail de M. Claude Gay peut donner une idée de l'importance et du mérite de son ouvrage, l'une des plus remar-

quables productions dont les sciences naturelles se soient enri-
chies depuis les grandes publications de M. de Humboldt. »

Nous avons été forcé par les limites de notre cadre d'écourter la
savante notice du célèbre bibliographe, mais les extraits que nous
en donnons doivent suffire pour faire apprécier l'œuvre de Claude
Gay et expliquer l'honorable distinction dont il fut l'objet de la
part de l'Académie des sciences. Il fut en effet, en 1856, nommé
membre de cette Académie, à la première présentation, ce qui est
rare.

Loin de s'endormir sur ses lauriers, le nouvel académicien,
sachant que noblesse oblige, sembla redoubler d'ardeur et d'application au travail. Il restait dans son cabinet, enfermé dans ses
chères études, depuis six heures du matin jusqu'à la même heure
le soir. Il prenait à peine une demi heure pour son déjeuner et, à
la nuit, lorsque sa tâche était terminée, il se livrait aux plaisirs
de la promenade sur les boulevards ou au charme des soirées de
famille chez des amis. Chaque année, cependant, il s'arrachait à
son labeur pour un ou deux mois, allant voyager dans une contrée quelconque de l'Europe et le plus souvent consacrant une
partie de ses vacances à une tranquille et douce villégiature auprès des siens, dans notre propriété du Deffends près Draguignan.
Ses voyages sur notre vieux continent s'effectuaient presque toujours dans des conditions exceptionnelles. En Russie, par exemple, où il eut beaucoup de peine à pénétrer, malgré la protection
de M. de Nesselrode, à cause des difficultés politiques du moment,
il fut adressé au prince Youssoupoff qui s'éprit, pour lui, de la
plus intime amitié et le mena, de château en château, de la fron-
tière à Moscou et de Moscou à Saint-Pétersbourg. En Espagne,

de puissantes recommandations lui permirent de tout visiter,
même la fameuse bibliothèque des princes du sang à Séville où il
puisa les documents les plus précieux sur la découverte de l'A-
mérique et sur la conquête de son pays de prédilection, le Chili.
Toutefois cette bonne fortune l'abandonnait en certaines circons-
tances : ainsi au nord de la Suède, où il s'était rendu pour étudier
une aurore boréale, sa curiosité le réduisit à se nourrir de mets
affreux préparés avec l'huile de poisson. Il fallait l'entendre raconter comment lui, si difficile, faisait des boulettes avec ces
sortes de mets et les avalait, *les expédiant à son estomac par un
train de grande vitesse.*

D'autres fois, il s'en allait dans les pays chauds, même pendant
les grandes journées ; c'est qu'en bon français il voulait, disait-il,
suivre le drapeau de la patrie partout où la victoire l'appelait.
Ainsi il parcourait la Turquie et les plages de la mer Noire pendant le siége de Sébastopol. Il suivait plus tard nos troupes vic-
torieuses en Italie, de champ de bataille en champ de bataille. A
Milan, toutefois, son métier de curieux et de vagabond, comme il
le qualifiait lui-même, lui valut une dyssenterie rebelle qui l'affaiblit gravement et le tint languissant pendant plusieurs mois.

Dans ses dernières années sa vue fut atteinte ; une conjoncti-
vite palpébrale l'obligea, à son grand regret, à ne plus travailler que quelques heures par jour. A cette occasion, on lui recom-
manda le tabac à priser, et lui, qui n'avait fumé, ni prisé de sa
vie, se vit réduit à employer ce remède. « Et depuis le mal est
resté, disait-il, et le vice avec. » L'occupation favorite de Claude
Gay, à cette époque, était de recueillir tous les travaux qui con-
cernaient l'Araucanie, cette chère Araucanie dont il ne parlait

qu'avec amour pour ses habitants, qu'avec admiration pour la beauté de ses paysages et ses destinées. Il préparait un ouvrage sur cet intéressant pays, ouvrage qu'il aurait publié en français si la Providence lui en avait donné le temps. La mort hélas ! a trompé ses espérances et a laissé tomber de ses mains l'œuvre intéressante et à peine ébauchée.

Les penchants successifs de l'homme se révèlent souvent par le choix de sa demeure. Claude Gay, à son retour du Chili, vint s'installer dans la rue Guy-de-la-Brosse, près du Muséum. Comme l'hirondelle, il regagnait son nid aimé. Il vécut là sept ans environ, dans un modeste appartement, faisant éclore ses ouvrages aux brillants reflets du jardin du roi et, pour ainsi dire, sous l'aile des Cuvier et des grands naturalistes ses maitres.

Plus tard, quand ses travaux furent avancés et qu'il put appartenir un peu plus à ses amis, pendant les soirées, il souhaita de se rapprocher du centre de Paris et il vint se fixer sur les boulevards, presque en face du Gymnase. Enfin, dans les dernières années, le bruit et le mouvement des grandes artères de la capitale le fatiguèrent, et il changea de résidence. Il s'établit dans un quartier opulent, mais tranquille avant tout, dans la rue Ville-l'Evèque, à peu près vis-à-vis de la maison qu'avait habitée Lamartine. Les appartements qu'il occupait ne manquaient pas de luxe et d'élégance. On a cru que le propriétaire de l'hôtel, M. de Kersen, dont il était devenu l'ami, lui cédait ce logement à prix réduit, par générosité et sympathie. Il n'en est rien. Ce qui a pu donner créance à cette opinion, c'est l'exquise et inépuisable reconnaissance de Claude Gay. Il ne parlait jamais des moindres bons procédés de ses amis à son égard, qu'avec la plus grande profusion de louanges et la plus sincère gratitude. Ainsi l'avons nous souvent entendu parler de M. de Kersen. Cette rectification nous a paru nécessaire en présence de l'affirmation erronée de l'historiographe chilien.

Puisque nous voilà déjà en chemin de considérer le savant académicien comme ami, continuons à l'envisager à ce point de vue. D'un accès facile et d'un abord sympathique, Claude Gay accueillait avec la plus grande bienveillance non seulement ceux qui avaient quelque droit à son amitié, mais ceux encore qui lui étaient recommandés par ses amis. Ses compatriotes de Provence peuvent en témoigner, et quant aux Chiliens, ses autres compatriotes, puisqu'il avait été fait citoyen du Chili — distinction extrêmement rare sinon unique —, laissons M. Vicùna Mackena le témoigner pour eux. « A sa table, notre ami réunissait deux ou trois fois chaque hiver avec une cordialité véritablement paternelle les Chiliens qui lui rendaient visite ou qui lui étaient recommandés (1) ». Etre chilien suffisait, à vrai dire, pour recevoir de la part de Claude Gay l'accueil le plus empressé. Le Chili n'avait pas seulement absorbé ses pensées, il absorbait presque son cœur. On le savait au-delà des mers (2).

Il fallait entendre ses épanchements intimes, au foyer de la

(1) En su comedor reunia nustro amigo dos o tres veces en cada invierno con una cordialidad verdaderamente paternal a los Chilenos que le visitaban o le eran recomendados.

(2) Mas la condition mas peculiar, dit *M. Mackena*, mas sincera y mas apegada a su alma que adornaba a M. Gay con relacion a nosotros, era su sincero, profundo y ardiente amor por Chile, sentimiento que en él no tenia nada de jactancia ni de ostentacion, pues se habia connaturalizado con su espiritu. Don Claudio Gay se sentia Chileno, y siempre firmo sus libros con ese grato calificativo : « Ciudadano Chileno. »

famille, pour comprendre à quel point il affectionnait ce beau
pays. Cette affection s'est dè la sorte doucement et comme naturellement communiquée aux siens ; aussi la reconnaissance qu'il
gardait pour tant de familles chiliennes , particulièrement pour
celle de la digne veuve du général Bulnes, sera , chez eux , reli-
gicusement conservée et transmise.

Dans le temps où nous sommes, on ne peut écrire la biographie
d'un homme éminent sans dire un mot de ses idées et de ses
croyances politiques. Aussi bien sera-t-il salutaire d'exposer ce
qu'était Claude Gay sous ce rapport. Son honorable biographe
chilien croit qu'il était orléaniste. C'est une erreur. Il a pu louer,
par quelque point, le règne de Louis-Philippe , mais nous l'avons
entendu le blamer énergiquement à tant de points de vue que
nous nous refusons à admettre qu'il eût pour ce gouvernement la
moindre préférence. Il voulait avant tout et par dessus tout l'honnêteté. C'était là son idéal. Aussi avait-il de réelles sympathies
pour la branche aînée, bien qu'il désapprouvât certaines tendan-
ces du roi Charles X , ainsi que ses fameuses Ordonnances. Il
était franchement hostile au bonapartisme, il l'était jusqu'à la
passion , c'est-à-dire jusqu'au point où commence l'injustice. Un
moment il crut à la république et applaudit au patriotisme de
Gambetta. Il était alors à l'étranger, loin de la France envahie,
mais à son retour, sa manière de voir se modifia. On le voit,
Claude Gay considérait les gouvernements au point de vue du
sentiment et non au point de vue pratique et économique. Mais
s'il se trompait en cela , son erreur est de celles qu'on voudrait
voir partager par tout le monde, car l'honnêteté est un guide aussi
sûr pour les individus que pour les dynasties.

L'éminent biographe chilien dit que Claude Gay était matéria-. liste. C'est encore une erreur. Le matérialisme s'accorde peu avec ces généreux élans que nous savons, mais de plus les croyances de l'académicien étaient sincèrement spiritualistes, et plus d'une fois il nous les avait manifestées. Sa fin chrétienne d'ailleurs le prouve surabondamment.

Nous avons considéré Claude Gay comme voyageur, comme savant naturaliste, comme philosophe, comme homme politique, comme ami; il nous reste à le considérer comme parent. C'est, pour nous, de devoir étroit; du reste, sous ce rapport, il est peut-être plus admirable encore que sous les autres.

Claude Gay aimait sa famille à la manière antique. Sa ten-dresse pour sa mère et pour son père touchait à la piété. Son affection fraternelle était des plus rares; lorsqu'il arrivait après une longue absence, au milieu de ses trois sœurs, c'était véri-tablement un Dieu qui survenait et on ne savait dire de quel côté les épanchements étaient les plus doux et l'effusion la plus com-plète. Il n'apportait pas seulement le bonheur sous le toit pater-nel, il y apportait aussi la joie avec son inaltérable bonne humeur et son heureux enjouement. C'étaient alors les souvenirs d'en-fance, les types populaires de la ville natale, les facéties du bon vieux temps qui revenaient dans la conversation; puis les refrains provençaux reprenaient, au timbre guilleret de sa voix, leur vive et originale allure. Avec les enfants, ses neveux, il rivalisait d'es-pièglerie et, lorsqu'ils sautaient allègrement sur ses genoux, on n'aurait su dire qui, de lui ou d'eux, avait le plus de gaieté folle. Plus tard il fut leur mentor, mais jamais un mentor solennel ni sévère. Le rôle de censeur n'allait pas à son caractère, et lors-

qu'il voulait gourmander, le sourire, malgré lui, apparaissait
sur ses lèvres.

Il a prouvé une dernière fois son attachement pour sa famille
dans une douloureuse circonstance. Depuis assez longtemps il
souffrait d'une affection des voies urinaires. Il se crut atteint de
la pierre et se fit examiner. Cet examen, pratiqué cependant par
un habile spécialiste, porta le ravage dans les organes atteints,
et le malade s'affaiblit sensiblement. Il était seul, à Paris, environné des soins de ses amis intimes, des familles Boussingault,
Cloquet, Caldéron, Gauthey, etc., dont il ne pouvait assez louer
le dévouement. Il cachait la gravité du mal aux siens. Ses dernières lettres sont pleines de la plus grande résignation et de la
plus tranquille philosophie. « Je dois remercier Dieu, nous
écrivait-il, de m'avoir fait vivre près de trois quarts de siècle
sans infirmités et de m'avoir donné le moyen de satisfaire mes
goûts et d'être, ici bas, presque aussi heureux qu'on peut l'être. »
Cependant le mal empirait. Prévoyant un dénoûment prochain,
il voulut finir ses jours sur le sol natal entre les bras de sa famille et il se mit en route presque mourant. Pour être entière-
ment aux siens, il refusa de rester à Draguignan où les ressources étaient plus faciles, et souhaita d'être conduit dans notre propriété du Deffends que chaque année, à peu près, il venait habiter pendant le mois de septembre ; dans cette saison des fruits
qu'il aimait tant. C'était le 4 novembre 1873. Jamais le ciel n'avait
été si inclément. Le beau soleil de Provence ne se montrait qu'à
certains jours et à de rares moments. La tristesse du malade
s'accroissait constamment. Un matin cependant, le soleil parut
dans tout son éclat et l'enjouement de Claude Gay sembla renaî-

tre avec lui. Il fut comme galvanisé. Il chanta encore un joyeux refrain d'une comédie provençale; mais ce fut le chant du cygne. Il redevint morose comme le temps, et quelques jours après, le 29 novembre, il expira environné de ses deux sœurs, de ses neveux, de ses nièces et de ses petits neveux. Ce n'était pas un frère, ce n'était pas un oncle qui s'éteignait, c'était un père.

Nous l'avons déjà dit, la fin de Claude Gay suffit pour répondre à l'imputation de matérialisme basée évidemment sur de simples apparences. Mais un témoignage encore plus significatif de ses sentiments c'est le préambule de son testament si éloquent dans sa simplicité et où se reflètent la candeur et la foi naïve d'un croyant des anciens jours. Tous les amis de Claude Gay nous sauront gré de reproduire ici cette page touchante, digne couronnement d'une vie si bien remplie.

TESTAMENT DE M. CLAUDE GAY.

Etant assez gravement malade et ne sachant ce qui peut m'arriver dans le voyage assez long que je vais entreprendre, et d'un autre côté, ayant fortement à cœur de donner à Dieu une preuve, quoique modeste, de ma haute reconnaissance pour toutes les faveurs dont il m'a comblé dans le cours de ma longue existence, j'ai pensé devoir m'intéresser aux besoins d'une de ces maisons de bienfaisance dont il est le créateur et le protecteur. Pour ce motif:

Je lègue une rente perpétuelle de 2,500 francs par an à l'hôpital de Draguignan, rente représentée par une inscription de 3 ou 5 % sur l'Etat. Cette souscription, étant exclusivement destinée au soulagement de mes malheureux compatriotes, ne pourra ni être vendue ni être échangée n'importe pour quel motif.

Ayant également trouvé un bonheur pur et parfait dans mes occupations scientifiques, n'ayant jamais connu ni l'ennui ni l'oisiveté, pour encourager les personnes qui auraient certaines aptitudes à ces sortes d'études, je lègue à l'Institut (Académie des sciences) une autre rente perpétuelle de 2,500 francs pour un prix annuel de géographie physique, conformément au programme donné par la commission nommée à cet effet.

Pour le même motif, je lègue une autre rente de 1,000 francs au collège de Draguignan pour fonder trois prix annuels : 1° sur la littérature française; 2° sur la littérature latine; 3° sur les sciences mathématiques ou physiques. Ces prix seront alloués à ceux qui auront obtenu les premières places dans leur classe.

Je lègue également une rente annuelle de 500 francs à la Société d'Etudes scientifiques et archéologiques de Draguignan, pour un peu contribuer aux frais de publication de ses utiles et intéressants travaux.

. . . .

. . . .

J'aime à croire que Dieu me conservera encore assez de force et de santé pour pouvoir continuer dans des moments plus tranquilles les différents legs que je désire faire à la famille de plusieurs de mes parents et amis et faire un testament plus en règle.

Paris, 3 novembre 1873.

Signé : Claude GAY.

L'illustre testateur pour remercier d'abord la Providence de ses faveurs a voulu seconder sa sollicitude à l'égard des malheureux, et il a constitué un petit héritage aux pauvres de son pays natal.

Pour encourager les premières études dont il a dû mesurer l'importance aux efforts qu'il a eu à faire lui-même, il a doté le collége de Draguignan.

Enfin, par reconnaissance pour ces sciences naturelles qui lui ont donné le bonheur, il a fait un legs à sa chère Académie des sciences et à la Société d'Etudes scientifiques et archéologiques de Draguignan.

Pas un mot dans le testament pour sa famille. Il la connaissait profondément et il comprenait que ses désirs seraient scrupuleusement remplis sans qu'il eut besoin de les écrire.

Ses prévisions se sont vérifiées. Un des neveux eut pu se prévaloir des avantages que lui faisait la loi en l'absence de dispositions testamentaires; mais il s'en est loyalement et spontanément dessaisi, embellissant ainsi, dès le lendemain, cette légende d'honnêteté que Claude Gay transmettait aux siens, comme fleur de son héritage.

L'éminent biographe chilien a dit à la fin de sa notice : « Nous n'avons cherché dans cette notice qu'à écrire simplement une page où respirât le sympathique attachement du Chili pour un savant étranger à qui nous devons de remarquables services. Nous payons une dette et rien de plus. Jusqu'à son dernier jour il fut notre loyal ami. De loin il prenait, de sa bourse, une généreuse part à toutes nos entreprises publiques, il nous secondait dans nos efforts et nous soutenait dans toutes nos défaillances : que bénie soit sa mémoire ! »

Nous aussi, dirons-nous, en nous inspirant de ces nobles pa-

roles, nous n'avons cherché qu'à écrire simplement la vie de ce
savant et de cet homme de bien qui s'est illustré par ses travaux
non moins que par ses bienfaits. Nous payons une dette, et nous
sentons que nous la payons incomplètement dans ce travail très
imparfait, écrit au milieu de nombreuses préoccupations person-
nelles. Que de choses, en effet, nous resteraient à dire de sa sollicitude envers ses proches, de son dévouement à l'amitié, de sa
reconnaissance pour les services rendus, de son ardent patriotisme! Mais nous sommes impuissant à retracer toutes ces ad-
mirables leçons que nous offre à nous, ses neveux, cette vie si
bien remplie par les plus nobles passions de l'esprit et du cœur!
Bénie soit la mémoire de ce parent généreux, de ce second père
et puissent nos fils et nos petits fils conserver de lui un impéris-
sable souvenir !